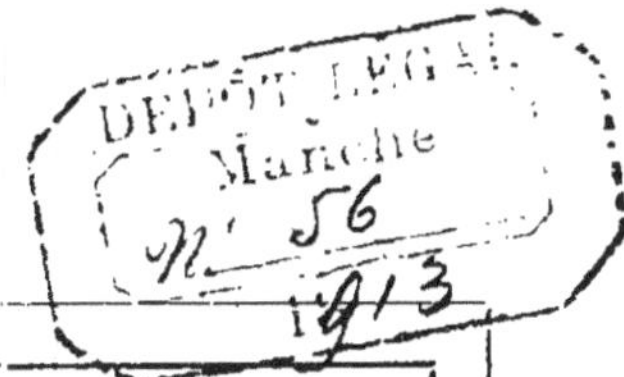

USAGES LOCAUX

DE

l'Arrondissement de Mortain

Prix : **50** Centimes

MORTAIN

Imprimerie-Librairie DANGUY & VILLETTE

1912

Usages Locaux

DE

L'ARRONDISSEMENT DE MORTAIN

CHAPITRE PREMIER

DE L'USUFRUIT

Art. 578 à 600

Droits de l'Usufruitier

Nous ne connaissons point dans l'arrondissement de Mortain d'usages contraires aux droits de l'usufruitier définis par les articles 582 et suivants du Code civil, sauf ceux relatifs aux pépinières et aux taillis.

En ce qui concerne les pépinières, il est d'usage, lorsqu'elles arrivent à être en partie épuisées, d'en replanter une nouvelle, de même nombre et composée des mêmes essences, de manière à ce que la nouvelle pépinière puisse fournir des arbres bons à planter lorsque l'ancienne sera complètement épuisée ; mais le renouvellement de ces pépinières ne se fait point annuellement.

Il est bien entendu qu'il ne s'agit point ici des pépinières créées dans un but commercial, mais seulement des pépinières créées pour l'entretien des fermes.

Quant aux taillis, lorsqu'ils ne sont pas aménagés en coupe régulière, l'usage est de les couper tous les 7 ans.

DES SERVITUDES

Mur et Fossé mitoyen

Nous ne connaissons point d'usages contraires aux dispositions des articles 653 à 673 du Code Civil, en ce qui concerne les murs et fossés mitoyens.

Mais comme il existe dans notre arrondissement divers genres de clôtures dont la classification donne souvent lieu à des interprétations différentes, nous croyons utile de les définir, afin de pouvoir fixer d'une manière certaine l'étendue de la répare à laquelle chacune de ces clôtures à droit.

Les clôtures sont :

En masse de terre, en plantes vives, en murs, en palissades de bois mort et en simples pierres ou palets. Les clôtures en masse de terre étant établies sur le fond clos, le propriétaire peut leur donner la largeur et la hauteur ordinaire et planter dessus des bois de basse tonture seulement, mais il doit laisser la répare d'usage, dont les dimensions vont être ci-après indiquées.

Les clôtures en plantes vives sont celles faites en épines, charmilles, saules, etc., et le propriétaire qui les a établit doit laisser, du

côté du voisin, la répare d'usage ci-après indiquée.

Les murs, les palissades de bois mort et les
clôtures en palets de pierres se plaçent sur la
ligne de division des héritages sans laisser
de répare, et dans l'usage toutes ces clôtures
doivent avoir maintenant une hauteur commune de 1ᵐ25 au minimum ; celle des haies
d'épines doit être ramenée à cette hauteur
tous les ans, au printemps, et à une largeur
de 20 à 30 centimètres.

Quant aux autres haies vives plantées à
plat ou sur un petit talus, l'usage est de ne les
tondre que tous les 5 ans et de les ramener
alors à une hauteur minimum de 1ᵐ33, y
compris le talus.

L'article 10 du règlement de 1751 dit que
ces sortes de haies devront être tondues au
moins tous les six ans du côté du voisin et ré-
duites à la hauteur de 5 à 6 pieds ; mais déjà
en 1855 l'usage était de les réduire à 1ᵐ50 et
depuis, cette hauteur a encore été abaissée à
1ᵐ33

Quant aux bois de basse tonture plantés
sur des masses de terre, l'usage est de les couper tous les cinq ans ; l'émondage des arbres
se fait aussi à cette époque.

Enfin, celui qui plante une haie vive, ou
construit une masse de terre, peut la relier à la
clôture voisine, sans pour cela acquérir la
propriété de la répare sur laquelle il l'établit ;

l'usage permet aussi d'établir les barrières dans la répare du terrain voisin.

Il ne faut pas oublier que notre pays est un pays clos, et que chaque propriétaire est tenu d'entretenir et maintenir ses clôtures dans un état tel que les bestiaux ne puissent divaguer.

Toutefois, chaque propriétaire peut se déclore, s'il n'y a titre contraire, en prévenant le voisin trois mois à l'avance, conformément à l'article 11 du règlement de 1751, et il ne peut enlever sa clôture que de la Toussaint à Noël.

L'article 13 du règlement précité a fixé ainsi qu'il suit la largeur de la répare de ces différentes clôtures, savoir : 2 pieds (0^{m}66) pour les haies en masse de terre sur les terrains voisins en nature de labour, lande, bruyère et taillis ; un pied et demi (0^{m}50) pour ces mêmes haies, sur les terrains en nature de cour, verger, légumier et prairie ; un pied et demi (0^{m}50) pour les haies vives, quelle que soit la nature du terrain voisin.

Quant aux murs et aux clôtures en bois mort et en pierre, le règlement susvanté, pas plus que l'usage, ne leur accorde aucune répare ; comme on vient de le voir, la largeur de la répare des haies en masse de terre fixée par le règlement de 1751 varie selon la nature du terrain voisin ; de là des difficultés qui s'élevaient très souvent dans la pratique pour retrouver la nature du terrain au moment de la construction de la clôture.

L'impossibilité de retrouver des titres et le silence gardé par les anciens titres sur la nature du terrain voisin rendaient toujours impossible l'application exacte des prescriptions du règlement. Pour obvier à cet inconvénient, on devra fixer cette répare d'après la nature du terrain existant depuis 5 ans, et non d'après la nature du terrain primitif.

La largeur des répares se mesure, savoir : pour les haies en masse de terre, à partir du pied extérieur de la dite haie, la masse de terre relevée.

Pour les haies vives plantées sur talus, ou petite élévation de terre, à partir du pied extérieur du talus, ou plutôt à partir du milieu des plantes vives, et pour les autres haies vives plantées à plat, à partir du centre de la haie, en prenant pour point de démarcation les pieds paraissant ne pas avoir dévié de la ligne de division, et au besoin en établissant une ligne moyenne.

Le terrain laissé en dehors de la haie étant surtout destiné à fournir des terres pour la réparation des haies, il ne s'ensuit pas que le propriétaire ait le droit de creuser à toute profondeur au pied de sa haie ; l'usage a fixé cette profondeur maximum à la longueur d'un cours de bêche ou de pelle, c'est-à-dire 0^{m}33 environ.

Les broussailles, genêts et guignons qui se trouvent dans cette répare, et amont la haie, ne peuvent être tondus ou pris par le voisin, mais il peut toujours les faire rescinder à la limite de sa propriété ; il peut aussi ramasser les feuilles qui tombent, sans pouvoir les balayer dans la répare en amont de la haie.

L'ancien usage du canton de Mortain et de quelques autres cantons, qui attribuait au propriétaire voisin les feuilles tombées dans la réparedu fond dominant, est tombé en désuétude ; aujourd'hui, le voisin ne peut profiter que des feuilles qui tombent sur sa propriété en dehors de la répare de la haie du fond dominant.

PLANTATIONS

De leur distance de l'Héritage voisin

La coutume (art. 7 du règlement de 1751) fixe la distance à 7 pieds pour les arbres de haute tige, tandis que l'article 671 du Code civil réduit cette distance à deux mètres, mais à défaut d'usages et règlements seulement.

Les arbres doivent être plantés de manière à laisser un espace clair de 2^m33 entre l'arbre et le voisin, et plus tard, lorsqu'il s'agit de reconnaître la distance, on prend pour point de départ le centre de l'arbre. Cependant, s'il se trouve une rivière, il n'y a aucune distance à observer.

Il n'existe aucun usage fixant la distance d'un arbre à l'autre ; il s'ensuit qu'on peut planter aussi serré qu'on le désire, dès lors que la plantation est faite à la distance de 2ᵐ33, qu'elle ne borde pas un chemin public.

Le propriétaire voisin peut toujours demander que les arbres, quoique plantés à la distance légale, soient émondés et la tête rescindée à l'aplomb de la limite de sa propriété (art. 672) ; mais ce travail ne peut être exigé que du 1ᵉʳ novembre au 1ᵉʳ mars ; les racines, au contraire, peuvent être coupées en toute saison par le propriétaire sur le terrain duquel elles pénètrent ; toutefois, il ne peut faire ce travail que sur sa propriété.

Les arbres fruitiers non taillés en quenouille sont considérés comme arbres de haute tige et soumis aux mêmes règles pour leur plantation.

Maintenant, lorsqu'il existe sur une ferme une pépinière d'arbres fruitiers, le fermier est tenu de la bêcher deux fois par an, de la sarcler et de la nettoyer du blanc (puceron lanigère) ; chaque année, au printemps, le sol sera couvert de feuilles ou d'un autre engrais équivalent.

Les plantations d'arbres fruitiers indiquées par le propriétaire sont à la charge du fermier, qui doit faire chaque fosse de 1ᵐ50 de diamètre sur 0ᵐ50 de profondeur ; ces arbres doivent être garnis d'épines par le fermier et fumés et cultivés convenablement, surtout pendant les premières années.

Les autres plantations sont à la charge du propriétaire, qui peut les entreprendre quand bon lui semble, dans la saison d'usage.

Le gui et les autres plantes parasites doivent être enlevés des arbres chaque année, ainsi que les gourmands et les rejetons.

De la distance des ouvrages intermédiaires

L'article 674 du Code civil prescrit que celui qui fait creuser un puits ou une fosse d'aisance près d'un mur mitoyen ou non, celui qui veut y construire cheminée ou âtre, forge, four ou fourneaux, y adosser une étable ou établir contre ce mur un magasin de sel ou amas de matières corrosives, est obligé à laisser la distance prescrite par les règlements et usages particuliers sur ces objets, ou à faire les ouvrages prescrits par les mêmes règlements et usages pour éviter de nuire au voisin.

Il faut donc se reporter à l'article 613 de la Coutume de Normandie pour trouver la distance des ouvrages intermédiaires.

La Coutume astreignait celui qui enlevait des terres sur la limite de sa propriété à laisser au-delà de la ligne un espace de huit à dix pouces (0m22) lorsqu'il ne creusait qu'à la profondeur du cours de bêche ; mais s'il creusait plus avant, il devait laisser un talus d'une inclinaison égale à la profondeur.

L'article 613 de la dite Coutume stipule en outre qu'aucun ne peut faire chambre aisée ou citerne, sinon en faisant bâtir contre mur de 3 pieds d'épaisseur.

DROITS DE PASSAGE

Art. 682 à 685

Il existe différentes espèces de passages, savoir : les passages avec civière et brouette, dont la largeur est de 1^m ; ceux avec cheval, dont la largeur est de 1^{m}50 ; ceux avec bêtes tenues par le lien, dont la largeur est de 1^{m}50 ; et ceux avec harnais et voitures, dont la largeur est de 3^m.

Il n'existe plus ou presque plus de passages pour exploitation à dos d'hommes ou à dos de cheval et, à défaut de titres, tous les passages sont réputés, dans l'usage, lorsque les lieux le permettent, devoir s'exercer avec harnais et voitures, surtout lorsqu'il s'agit de l'approvisionnement d'une maison et de l'exploitation d'une ferme ou seulement de pièces détachées comme : verger, terre de labour, prairies, taillis, et même d'accéder à un pressoir et autres bâtiments de ferme.

Les passages pour accéder à une fontaine à l'effet de puiser l'eau nécessaire à la pilaison, ou pour laver les lessives, ou pour accéder à un douet rouisseur, s'exercent aussi, d'après l'usage, avec voiture et harnais.

Mais les passages pour exploiter un jardin légumier, puiser de l'eau à un puits ou à une fontaine, ou accéder à un four, s'exercent ordinairement avec le pied seulement ; à moins de titres contraires, leur largeur est de 1^m.

Le passage du tour d'échelle ne peut s'exercer qu'en vertu d'un titre, et il n'a pas de largeur uniforme ; pour les couvertures en bois ou ardoises, l'usage lui donne 1^m, et le Tribunal de Mortain, par jugement du 14 juin 1866, a également admis cette largeur ; mais pour les couvertures en paille, la largeur est de 1^{m}33.

Maintenant, comment s'exercent ces passages ?

En général et sans titres contraires, tous les passages doivent s'exercer pour tous usages et nécessités et pendant toute l'année ; cependant, d'après l'usage, il y a quelques exceptions, ainsi :

Le droit d'accession à un pressoir ne peut s'exercer que pendant la pilaison, c'est-à-dire du 15 août au 15 janvier de chaque année.

Le passage sur un pré pour l'exploitation d'un autre pré ne peut s'exercer qu'à partir du 1er juillet ; mais si le pré asservi n'est pas fauché à cette époque, le fonds dominant est tenu de faucher son passage sur une largeur de 3 mètres seulement ; il peut aussi passer, à partir de cette époque, pour transporter ses engrais, jusqu'au 1ᵉʳ janvier ; s'il s'agissait d'un passage pour exploiter des terres labourables, le passage devrait être libre toute l'année.

Il existe aussi des passages pour pâturages des regains seulement ; ces sortes de passages ne s'exercent, suivant l'usage, que du 1ᵉʳ juillet au 31 décembre de chaque année.

Quant aux regains de printemps, ils ne peuvent être pâturés que jusqu'au 31 mars ; mais ces regains sont très rares dans l'arrondissement et ne se trouvent que dans les prés bordant la Sélune et la Sée, ainsi que dans ceux se trouvant près des agglomérations. Les passages pour accéder à un douet rouisseur ne s'exercent qu'à l'époque ordinaire du rouissage, c'est-à-dire du 1ᵉʳ juillet au 1ᵉʳ octobre.

L'usage ne donne aucun droit de s'établir sur le terrain voisin pour y fagoter et mettre en bourrées les bois de tontures coupés sur les haies ; à plus forte raison, n'a-t-on pas le droit d'y pénétrer avec voiture pour l'enlever ; le propriétaire du bois doit donc l'enlever par sur sa haie.

L'usage ne donne pas non plus le droit d'aller ramasser les fruits tombés sur le terrain voisin ; pour le faire, il faut avoir un titre.

L'irrigation des prairies peut se faire en toute saison, à moins de titres contraires ; les passages nécessaires pour prendre les eaux peut donc s'exercer pendant toute l'année ; mais si l'irrigation ne doit être que temporaire, elle doit commencer, suivant l'usage, le 1er août, pour finir le 1er avril suivant.

Droits du propriétaire du Fonds auquel la servitude est due

L'entretien de la voie de passage est à la charge du fonds dominant ; ainsi, il a le droit de faire tous les travaux nécessaires pour maintenir son passage en bon état ; il peut faire des aqueducs, apporter des pierres pour solidifier les endroits marécageux ; mais cette faculté ne s'étend pas jusqu'à faire une chaussée pierrée, et ne peut s'exercer que lorsque l'assiette du passage est déterminée ; mais le fonds dominant ne pourrait établir de chaussée dans un pré, ni faire aucun travail qui pourrait modifier le sol au préjudice du fonds asservi ; il n'a que le droit de combler les excavations produites par son passage.

DE LA VENTE DES IMMEUBLES

De la Délivrance.

Presque toutes les ventes d'immeubles se font dans le pays à la vergée ancienne, dont l'étendue correspond à 20 ares seulement, tandis que la vergée métrique est de 20 ares 40 centiares ; ainsi, d'après l'usage, 5 vergées égalent un hectare.

Contrairement aux dispositions de l'art. 524

du Code civil, les bestiaux attachés à la culture, les ustensiles aratoires, les semences données au fermier ne sont point, dans l'usage, considérés comme immeubles par destination; les seuls objets réputés tels dans les corps de ferme sont : tout ce qui est attaché aux murs, comme : râteliers, auvales, crèches, percheaux et planches posés dessus pour former le fond des fanils, qu'elles soient fixées ou non, échelles en général, pressoir et tous ses ustensiles, ustensiles de four, chaudières établies à demeure, la corde et la chaîne en fer avec la seille du puits, les pailles, litières et engrais se trouvant sur un corps de ferme au moment de l'acte de vente, sont aussi réputés immeubles par destination.

Les pigeons des colombiers, les lapins de garenne, le poisson des étangs, sont aussi immeubles par destination, mais le vendeur ou son représentant a le droit d'user de tous ces immeubles comme par le passé, jusqu'au jour de l'entrée en jouissance; il peut faire consommer les pailles et fourrages et employer les engrais aux cultures de la ferme.

Lorsque, dans un acte contenant vente, en plusieurs divisions, d'un corps de ferme, on n'a pas indiqué la manière dont il serait procédé, entre les acquéreurs, au partage des objets réputés immeubles par destination, il est d'usage de procéder ainsi :

Les objets fixés au mur ou au sol appartiennent exclusivement à l'acquéreur sur lequel ces objets se trouvent ; les pigeons appartiennent à l'acquéreur du colombier ; les poissons à l'acquéreur de l'étang, etc. ; mais les pailles, litières et engrais suivent un autre mode de partage : ainsi les divers acquéreurs profitent seuls des pailles, litières et engrais, et se les partagent entre eux selon l'étendue de la terre labourable comprise dans leur lot ; mais les vergers, jardins légumiers, prés et taillis ne doivent pas être compris dans ce partage.

L'usage n'accorde point à l'acquéreur d'une pièce volante, sauf stipulation contraire, de droit aux pailles et litières : il doit prendre la pièce de terre dans l'état où elle se trouve au jour de l'entrée en jouissance.

Les poulains destinés à descendre les tonneaux de cidre dans les caves sous terre sont aussi immeubles par destination.

TITRE 8

DU LOUAGE

Sous ce titre, le législateur a divisé le louage en deux parties distinctes, savoir :

Le louage des choses ;

Le louage d'ouvrage.

Le louage des choses est divisé lui-même en plusieurs espèces particulières, savoir :

Le bail à loyer ;
Le bail à ferme ;
Le loyer ou louage du travail ;
Le bail à cheptel ;
Le devis, marché ou prix fait.

§ 1ᵉʳ

**Du bail à loyer. — Sa durée. — Entretien de la
chose louée**

Le bail à loyer comprend le louage des
maisons et celui des meubles (art. 1752 et suivants du Code civil) ; sa durée est d'une année
quand même la maison serait accompagnée
d'un jardin légumier.

L'année commence et finit le plus communément le 29 septembre ; cependant, quelques
locations commencent et finissent le 25 mars,
mais c'est une exception assez rare dans l'arrondissement de Mortain.

L'aménagement et le déménagement s'o-
pèrent au jour de l'entrée en jouissance.

Le congé doit être donné trois mois avant
l'expiration de l'année de jouissance, c'est-à-
dire avant le 24 juin pour les jouissances
partant de la Saint-Michel, et avant le 25 décembre pour les jouissances partant du 25
mars.

Les loyers, sauf convention contraire, se
paient fin d'année et sont quérables.

Les obligations du bailleur sont détermi-
néees par les articles 1720 à 1756 du Code

civil ; ainsi, le bailleur doit délivrer les appartements loués dans un état tel qu'il puissent servir à l'usage pour lequel ils sont destinés ;

Les portes et autres fermetures doivent être pourvues de leurs clefs et autres ferrures; les enduits, les tapisseries, les tentures doivent être mis en bon état ;

Les puits, lorsqu'il en existe, doivent être pourvus de leur chaîne, et le curage des puits et des lieux d'aisances incombe encore au bailleur.

Quant à l'état de lieux que les parties doivent faire dresser lors de l'entrée en jouissance l'usage en partage les frais entre le bailleur et le preneur.

Les obligations du preneur sont déterminées dans l'art. 1754, et de plus les réparations et dégradations de son fait, le balayage des rues et le ramonage des cheminées tombent aussi à sa charge.

Il est utile que les réparations et dégradations à la charge du preneur soient réglées dans le mois qui suit sa sortie, afin d'éviter des discussions sur l'origine de ces dégradations.

----

§ 2ᵉ

BAIL A FERME

Le bail à ferme concerne les héritages ruraux. Il commence et finit le plus communément le 29 septembre; cependant, quelques rares locations commencent et finissent le 25 mars.

La durée des jouissances verbales comprenant un corps de ferme, une ou plusieurs pièces de terre labourable, ou une bruyère, est de trois ans; mais la durée des locations ne comprenant qu'un jardin légumier, une prairie, une lande ou pâture, n'est que d'une année.

Le congé, pour les locations de trois ans, doit être donné un an avant l'expiration de la jouissance, et six mois seulement à l'avance pour les locations d'un an, faute de quoi le bail est renouvelé pour une nouvelle période, par voie de tacite reconduction.

Obligations du Bailleur

Le bailleur doit délivrer la chose au preneur en bon état d'entretien :

Ainsi les portes, croisées, doivent être pourvues de leurs fermeture et serrure ; il doit y avoir des échelles pour accéder aux greniers et réparer les couvertures ; le puits, lorsqu'il y en a, doit être pourvu de sa chaîne et seau ; le pressoir de tous ses ustensiles ; les écuries et les étables de leurs crèches, râteliers et auvales ; le four doit être en bon état et muni d'une pelle ; enfin, toutes les pièces de terre, soit qu'elles fassent partie d'un corps de ferme, soit qu'elles soient louées séparément, doivent être remises en état de clôture et pourvues de leurs barrières.

Le bail à ferme ne comprend ni le droit de chasse, ni le droit de pêche, même des écrevisses, dans les cours d'eau qui traversent ou bordent la propriété.

Obligations du Preneur

L'article 1754 du Code civil oblige le fermier à entretenir la chose louée en bon état de réparations locatives ; ces réparations s'appliquent :

Aux âtres, contre-cœurs, chambranles et tablettes de cheminées ;

Au recrépissage du bas des murailles des appartements et autres lieux d'habitation, à la hauteur d'un mètre ;

Aux pavés et carreaux des chambres et greniers, lorsqu'il y en a seulement quelques-uns de cassés ;

Aux vitres, à moins qu'elles ne soient cassées par la grêle ou autres accidents de force majeure, dont le locataire ne peut être tenu ;

Aux portes, croisées, planches de cloisons, gonds, targettes et serrures.

Cependant ces réparations ne sont pas à la

charge du fermier quand elles sont occasion-
nées par vétusté ou force majeure.

L'usage du pays met encore à la charge du
fermier :

L'entretien de l'aire, des maisons et greniers en terre ;

Le blanchissage de l'intérieur des maisons
et le carrelage des fours.

L'entretien des couvertures en pailles est
exclusivement à la charge du preneur, qui
doit fournir et faire employer chaque année,
à ses frais, au moins trois gluis de 7 kilog. 1/2
chacun par 20 ares de terre labourable comprise dans sa location ; il doit aussi fournir la
latte, lorsqu'elle est en rondins ; mais le che-
vron doit être fourni par le bailleur.

La durée commune des couvertures en
paille est fixée à 15 ans ; leur épaisseur, au
moment de la confection, est de 23 centimètres au moins ; les gluis de la dernière récolte
doivent être employés par le fermier sortant,
qui est également tenu de laisser la vieille
découverture au fermier entrant.

Le preneur doit encore l'entretien des
haies, fossés et rigoles, et des cours et chemins d'exploitation fermés existant dans la
propriété ; mais si ces cours et chemins ont
été préalablement encaissés ou macadamisés
par le propriétaire ; dans ce cas, le fermier
n'est tenu qu'à aller chercher la pierre néces-

saire à ces réparations, à une distance de un myriamètre au plus.

Le fermier doit employer à la nourriture du bétail, ou à l'amélioration du sol, sans pouvoir en distraire aucuns, même à sa sortie, tous les foins, pailles, fourrages proprement dits, genêts, ajoncs, litières ; en un mot, tous les fourrages et engrais produits sur la ferme, sauf les betteraves, carottes et pommes de terre, qu'il peut emporter, mais en laissant les pampres sur la ferme ; il pourra enlever les cendres et charrées.

ENSEMENCEMENTS ET RÉCOLTES ANNCELLES

La nature de l'assolement ancien, qui comprenait les trois céréales suivantes : sarrasin, froment, orge ou avoine, reste toujours la même, mais le mode de culture de ces trois céréales est changé ; ainsi, la méthode d'aujourd'hui s'exerce par cinq ans : trois années de culture et deux années de jachères ou plantes sarclées, au lieu de trois qui existaient anciennement.

Cependant, dans quelques communes de l'arrondissement et principalement dans quelques-unes dépendant des cantons d'Isigny, Saint-Hilaire et Juvigny, on fait 4 et même 5 grains successifs et on ne laisse qu'une année de jachère ; mais ce n'est qu'une exception qui n'a pas de règle fixe et qui ne peut être tolérée qu'avec l'assentiment du propriétaire.

Ainsi, d'après l'usage le plus généralement suivi comme assolement, un cinquième des terres arables doit être semé en céréales d'hiver : froment ou seigle, du 15 octobre au 15 décembre, un cinquième en sarrasin et un cinquième en orge ou avoine, et les deux autres cinquièmes doivent être en jachères ou plantes sarclées.

C'est ici le lieu de faire observer que, malgré ces nouveaux modes de culture, c'est toujours l'assolement triennal qui fixe la durée des baux ruraux faits sans écrit.

On doit semer dans les orges et avoines de printemps 15 à 20 kilog. de graine de trèfle par hectare.

Les jardins sont consacrés pour la plus grande partie aux légumes, et pour le surplus à d'autres plantes utiles aux besoins de la ferme. Le fermier ne peut changer leur destination ni enlever la terre sans le consentement du propriétaire.

Les closets ou closeaux ne sont point soumis aux règles de l'assolement ; ils peuvent être cultivés au gré du fermier.

La culture des plantes oléagineuses, très peu répandue du reste dans notre pays, est interdite la dernière année du bail ; cependant, le fermier sortant peut faire dans le clos de la ferme, ou dans une des pièces en jachère de deux ans, des betteraves, du lin, du chanvre, des pommes de terre et du collet-vert, dans une étendue égale au 25ᵉ de la totalité de terre labourable comprise dans sa location.

Les cultures en grains d'hiver doivent être engraissées avec 40 mètres cubes, au moins, de bon fumier par hectare ; le sarrasin doit être engraissé avec 20 hectolitres de charrée par hectare, ou l'équivalent en autres engrais étrangers à la ferme ou dépendant de la ferme.

L'on sème généralement, par hectare, deux hectolitres et demi de froment, seigle, orge et avoine, et seulement un hectolitre de sarrasin.

La mesure des champs comprend les haies, fossés et voies d'accession de la ferme.

Le fermier peut prendre de la terre dans les champs, de manière à ne pas faire d'excavations, pour la convertir en terreaux, mais à ces terreaux il doit mêler quatre hectolitres de chaux par cinq mètres cubes de terreau.

Le pelage des haies, soit pour faire des courtées, soit pour recouvrir des fumiers, est formellement interdit.

Toutes les cultures doivent être sarclées convenablement par le fermier qui doit en faire la récolte, savoir :

Le froment, du 15 mars au 30 mai ;

Le seigle, du 15 mars au 15 mai ;

Et les céréales de printemps, avant le 20 juin.

Les patiences ou parelles, ivraies, chiendent, chardons, jaupilles et toutes plantes à graine, doivent être soigneusement détruites sur toute la propriété avant la maturité de la graine ; les orties dans les jardins et vergers, et les ronces dans les labours, doivent également être détruites.

Si le fermier sortant n'a pas exécuté les sarclages dans le temps qui vient d'être indiqué, le propriétaire peut les faire faire aux frais du fermier sortant.

DES PRAIRIES

Les prés naturels et artificiels sont clos généralement au 1ᵉʳ décembre.

La coupe des prairies se fait du 15 juin au 15 juillet ; elle doit se faire le plus ras possible, à peine de dommages et intérêts.

L'irrigation des prairies commence le 1ᵉʳ août et finit le 1ᵉʳ avril de l'année suivante.

Les prés doivent être fumés par quart au moins, chaque année, soit avec du noir, soit avec tout autre engrais.

Les rigoles d'égoutement et celles d'irrigation doivent être constamment et soigneusement entretenues ; les terres provenant de ces rigoles et des fossés d'enceinte sont réunies et travaillées convenablement ; l'on y joint les déchets de battages, appelés chasseballes ou pous, après qu'ils ont séjourné comme litière dans les étables.

Ce compôt doit être ensuite répandu avec soin et en temps convenable sur les prairies de la ferme, et non sur les terres en labour, où il est expressément défendu de les répandre.

Les ornières creusées par le passage des attelages et charrettes doivent être soigneusement remplies avant le 1ᵉʳ décembre.

Les taupes doivent être détruites le plus possible ; les taupinières et fourmilières doivent aussi être étendues et les prés entretenus dans un état convenable d'aplanissement.

Une fois converties en prairies naturelles, les terres de labour sont assimilées aux anciens prés pour la récolte et le partage des foins et pour tous les travaux.

COUPE DES BOIS

Le fermier ne peut abattre aucun arbre par pied, ni branches, même sous le prétexte d'élagage, ni s'emparer du bois mort ou brisé par accident, qui appartient au propriétaire.

Les bois à émonder, et soumis à des coupes réglées sur les haies, sont abattus par cinquième, chaque année, sans distinction ; ils sont coupés ras et régulièrement, sans interruption, dans chaque haie, mais en ayant soin de laisser d'endroit en endroit, sur ces haies, de jeunes écroits ou baliveaux ; cependant, il existe une exception pour la coupe de ces bois dans les communes ci-après dénommées.

L'élagage appartient au fermier ; néanmoins, les lices ou clôtures en saules, et les bois d'autre nature se trouvant sur les prés doivent se couper par cinquième, sur une même ligne et sans choix ; dans aucun cas le fermier ne peut couper le bois sur les prés l'année de sa sortie.

Les épines et broussailles sont coupées en même temps que le bois et à la même époque.

Dans les communes de Saint-Clément, Rancoudray, Ger, le Fresne-Poret, Saint-Sauveur et Saint-Martin-de-Chaulieu, et dans quelques contrées de la commune de Sourdeval avoisinant le Fresne-Poret, le fermier n'a droit qu'aux émondes des arbres et baliveaux, et ne doit couper ni par pied, ni par coupelle, de sorte que les haies, dans ces communes, ne sont jamais dépouillées, mais au contraire sont constamment garnies d'un grand nombre de baliveaux.

Le fermier doit prendre le plus grand soin de ménager et de conserver les renaissances et les jeunes arbres qui garnissent les haies, sans pouvoir les détruire ni les étêter.

Après chaque tonte, le fermier est tenu de réparer les haies et fossés des deux côtés, de manière à ce qu'ils conservent toujours leur dimension en hauteur et largeur.

Les coupes de bois doivent commencer le 1er novembre et se terminer avant le 1er avril de l'année suivante.

Le propriétaire peut faire abattre tous et tels arbres que bon lui semble, sauf les arbres fruitiers, sans autre indemnité que celle de la réparation des haies et du dommage causé par la chute des arbres.

Si le propriétaire donne au fermier des bois pour un usage quelconque, la propriété n'en est acquise à ce dernier, qu'autant qu'ils ont reçu leur destination, car, tant qu'ils n'ont pas été employés, le propriétaire peut les reprendre en remboursant les frais d'abattage et de débit.

ENTRÉE ET SORTIE DU FERMIER

au 29 Septembre

Le fermier entrant doit faire dresser un état de lieux dans la première année de sa jouissance, faute de quoi il est présumé avoir trouvé les lieux en bon état ; l'usage met les frais de cet état de lieux à la charge du fermier, contrairement aux dispositions du Code civil, qui partage ces frais entre le propriétaire et le fermier.

La clôture des prairies est faite par le fermier entrant le 1ᵉʳ décembre qui précède son entrée ; à partir de cette époque, le fermier sortant ne doit plus pénétrer dans les prés, sauf dans quelques communes, où il est d'usage de faire pâturer les regains de printemps jusqu'au 23 avril, mais c'est une exception.

L'irrigation des prairies commençant le 1ᵉʳ août, c'est le fermier entrant qui doit, l'année qui précède son entrée en jouissance, faire les travaux d'irrigation, curer les ruisseaux et répandre les engrais qui n'auraient pas encore été étendus.

Dans la dernière année du bail, le fermier entrant peut surveiller l'irrigation des prairies, remuer les terreaux, y mêler de la chaux après la coupe des foins et donner aux engrais ou compôts destinés aux prairies les préparations nécessaires pour qu'il puisse être répandus à son entrée.

Le fermier entrant peut semer, après le 20 mars, des trèfles ou graines fourragères dans les grains de printemps ; il profite seul, l'année qui précède son entrée en jouissance, des herbes à faire foin des prairies naturelles et artificielles, de toutes les pailles et chaumes provenant de la dernière récolte du fermier sortant, ainsi que des genêts crus ou plantés, bruyères et ajoncs existant sur la ferme.

Le fermier entrant à également droit de parer les haies pour en faire de la litière, si le fermier sortant ne l'a pas fait lui-même dans les huit jours qui ont suivi la mise en gerbes de ses grains ; ce dernier n'a plus droit qu'au regain des prairies, depuis la fauche jusqu'au 29 septembre, jour de sa sortie.

C'est le fermier entrant qui doit faucher, faner, loger les foins provenant de la récolte de la dernière année de jouissance du fermier sortant ; il doit aussi ramasser les pailles de la même récolte au fur et à mesure qu'elles sont battues, et les loger s'il y a où.

Le fermier entrant doit encore, à partir du 24 juin qui précède son entrée en jouissance, fournir les pailles et litières nécessaires au coucher du bétail appartenant au fermier sortant.

A partir du 24 juin qui précède son entrée en jouissance, le fermier entrant a le droit de prendre possession de la boulangerie pour y habiter, jusqu'au jour de son entrée en jouissance ; mais il doit souffrir le fermier sortant aller cuire son pain au four.

S'il existait sur la ferme deux maisons d'habitation distinctes, dont un des appartements à feu pourrait s'accéder facilement, le fermier entrant aurait le droit de le réclamer aux lieux et place de la boulangerie.

La dernière année de sa jouissance, le fermier sortant ne peut changer ou intervenir l'ordre de ses labours; il doit en suivre la rotation et laisser, ainsi qu'il est dit plus haut, les foins et pailles de sa dernière récolte, parce qu'il les a trouvés en entrant ; il doit laisser également un quart du jardin légumier industrié en choux verts et poireaux.

Il doit encore laisser au fermier entrant tous les engrais faits sur la ferme depuis le 24 juin jusqu'à sa sortie; néanmoins, il peut faire consommer sur la propriété les trèfles et trémaines qu'il aurait semés, mais il ne peut laisser porter de graines aux plantes fourragères, à moins de partager avec le fermier entrant, et ce par moitié.

Il ne doit couper les froments et seigles à plus de 0 m. 15 de hauteur, même dans le cas où ils seraient fauchés, ainsi que cela vient en usage.

A partir du 24 juin qui précède sa sortie, le fermier est tenu de faire les litières sous ses bestiaux comme il l'entend, de vider les étables et écuries toutes les fois qu'elles en ont besoin, et de déposer les fumiers aux endroits ordinaires, et dans le cas où le fermier

entrant négligerait d'apporter les litières à ce
nécessaires, le fermier sortant aurait la faculté
de laisser ses bestiaux coucher dehors.

Il est toujours loisible au fermier entrant
de surveiller la façon des litières et l'aménagement des engrais ; il peut même faire ce
travail lui-même et s'il ne le fait pas, il ne
peut se plaindre ni du gaspillage des litières,
ni de la mauvaise qualité des engrais.

Les blés sont coupés aussitôt leur maturité
et battus immédiatement, s'il est possible,
soit au fléau, soit avec la machine à battre ;
néanmoins, le fermier sortant aura jusqu'au
1er décembre suivant pour terminer le battage
des grains d'hiver, mais le fermier entrant
pourra toujours exiger que la paille dont il
aurait besoin lui soit fournie.

S'il est employé une machine pour le battage des grains, le fermier entrant doit être
prévenu deux ou trois jours à l'avance, afin
qu'il puisse se trouver au battage et ramasser
ses pailles ; si, au contraire, le battage a lieu
au fléau, le fermier sortant met la paille en
gerbes chaque soir et la place dans un côté de
la grange, de manière qu'à son premier voyage
le fermier entrant puisse la ramasser où bon
lui semble.

Le fermier sortant doit toujours mettre de
côté la paille nécessaire pour faire la quantité
de gluis que comporte l'étendue des terres

arables de la propriété, soit 3 gluis de 7 kilog. chacun, en moyenne, par 20 ares, et doit faire employer ce glui avant le 1er janvier suivant.

Les grains de la dernière récolte sont logés avant leur battage dans les bâtiments à ce destinés et, après leur battage, le fermier sortant peut encore les déposer dans un des greniers à grain de la ferme jusqu'au 1er décembre qui suit sa sortie, et conserver la clef de cet appartement, s'il y a lieu ; mais s'il n'existe sur la ferme qu'un seul grenier à grain, il sera partagé entre le fermier sortant et le fermier entrant, et ce dernier restera dépositaire de la clef.

A partir de sa sortie jusqu'au 1er décembre suivant, le fermier sortant a le droit d'occuper la boulangerie ou tel autre appartement qu'occupait le fermier entrant, plus une cave ou portion de cave pour le cidre, et le grenier ou portion de grenier à grain dont il est ci-dessus parlé ; il peut aussi user du pressoir concurremment avec le fermier entrant, pour le pressurage de ses fruits ; mais, dans ce cas, chacun des deux fermiers doit en jouir de la manière suivante : le fermier sortant en disposera les trois quarts du temps auquel le pressoir a droit, et le fermier entrant en disposera le dernier quart.

Le fermier sortant, comme le fermier entrant, a, du reste, le droit de loger les chevaux employés au déménagement ou à l'aménagement dans les écuries de la ferme, ou, à leur défaut, dans les hangars.

Le fermier sortant peut faire sécher de la trémaine et la loger dans un des fenils pour la donner à ses bestiaux lorsque les travaux de son déménagement l'appeleront sur la ferme, mais il ne peut en emporter le surplus pour le faire consommer en dehors de la ferme. Le fermier sortant ne pourra faire pâturer les jeunes trémaines par des chevaux ou des moutons l'année de sa sortie.

Le fermier entrant ne pourra mettre ses bêtes à cornes dans le verger avant le 15 novembre, afin que le fermier sortant puisse enlever ses pommes.

ENTRÉE ET SORTIE DU FERMIER

Au 25 Mars

Les conditions d'entrée et de sortie des fermiers au 25 mars diffèrent dans plusieurs points avec celle de l'entrée et de la sortie au 29 septembre.

Ainsi, le fermier entrant a, comme dans l'autre cas, droit à la boulangerie ou à un autre appartement ayant cheminée, à partir du 1er décembre précédant son entrée en jouissance ; il doit curer les ruisseaux et irriguer les prés comme dans le premier cas. Tous les grains de printemps : sarrasin, orge et avoine, doivent être faits par lui.

Le fermier sortant n'a que le droit de faire les ensemencements d'hiver, c'est-à-dire le seigle, le froment et des betteraves et pommes de terre dans un des closets de la ferme, et dans la proportion indiquée au paragraphe : Ensemencements et récoltes.

Tous les fumiers faits depuis l'emblavement des grains d'hiver jusqu'à la sortie du fermier appartiennent au fermier entrant ; ce dernier a également droit à une quantité de foin et de paille blanche par 20 ares de prés et de terre labourable composant la ferme, soit 100 kilos de foin et 60 kilos de paille.

Quant à la récolte des grains ensemencés par le fermier sortant, il devra la faire à l'époque et suivant les usages précédemment indiqués.

§ 3^e

DU LOYER OU LOUAGE DU TRAVAIL

La durée de l'engagement des domestiques est généralement fixée à un an.

Cet engagement ne peut être rompu pendant l'année, si le maître et le domestique sont cultivateurs ; mais si le domestique est attaché spécialement à la personne, l'engagement peut être rompu à quelqu'époque que ce soit, mais pour des motifs sérieux.

Le domestique attaché à la culture doit travailler, au moment des récoltes, de 4 heures du matin à 9 heures du soir, et en d'autres temps de 5 heures du matin à 8 heures du soir ; il doit faire le dimanche les travaux intérieurs de la ferme et même aider à rentrer les récoltes, en cas de nécessité.

Celui attaché à la personne doit, pour son travail, suivre les usages de la maison, et le dimanche il doit également faire les travaux intérieurs de la maison.

Le domestique attaché à la culture peut refuser d'aller travailler chez un voisin lorsqu'il y est envoyé par son maître, mais seulement dans le cas où le maître veut abuser de son droit.

Le bail fait pour un an entre le maître et le domestique doit être renouvelé à la fin de l'année par un nouveau consentement des parties, ou du tuteur, si le domestique est mineur.

§ 4

BAIL A CHEPTEL

Quant aux baux à cheptel, il n'en existe pas dans l'arrondissement.